· 青春期自救手册 ·

我有穿衣自由

[法] 珍妮弗 · 蒂奥（Jenni

[法] 阿尔弗雷德（Alfrec

中信出版集团 | 北京

图书在版编目（CIP）数据

青春期自救手册．我有穿衣自由 /（法）珍尼弗·蒂奥著；（法）阿尔弗雷德绘；时征译．-- 北京：中信出版社，2023.9（2024.1重印）
ISBN 978-7-5217-5833-7

Ⅰ．①青… Ⅱ．①珍… ②阿… ③时… Ⅲ．①心理健康－健康教育－少儿读物 Ⅳ．① G444-49

中国国家版本馆 CIP 数据核字（2023）第 115801 号

青春期自救手册·我有穿衣自由

著　　者：[法] 珍尼弗·蒂奥
绘　　者：[法] 阿尔弗雷德
译　　者：时征
出版发行：中信出版集团股份有限公司
　　　　（北京市朝阳区东三环北路27号嘉铭中心　邮编　100020）
承 印 者：北京瑞禾彩色印刷有限公司

开　　本：787mm × 1092mm　1/32　　印　　张：1.25　　字　　数：16千字
版　　次：2023年 9月第 1 版　　印　　次：2024年 1月第 3 次印刷
京权图字：01-2022-3949
书　　号：ISBN 978-7-5217-5833-7
定　　价：13.80元

人为什么不能像动物一样赤身裸体?

和动物不一样，人没有绚丽的羽毛或厚重的皮毛，身体表面光溜溜的。人类的身体没有遮盖，所以面对自然时更脆弱。不过，大自然没有赋予人的东西，被人想象并制造了出来。人们通过缝制和编织的方式打造出属于自己的“皮毛”。人们可以自由决定怎样让自己看上去更得体，并让身体能够适应各种情况。正是服装为人们提供了一种动物所没有的自由。不过，这种自由并不是没有约束。有时候，服装不仅能够保护我们的身体，还能帮我们保持身材或塑造身体线条（为了达到这个目的，服装可能会紧缚、包裹身体）。法国艺术史学家和哲学家**弗朗斯·博雷尔**认为“在各种文化中，人们都迷恋于如何能让身体变得更有型、更结实”。

服装不仅与每个人的身体都有着自然的联系，它与我们的“社会身体”也同样密不可分。服装不仅要合身，还应该符合穿着者的精神面貌。人们通过自己的服装和配饰塑造了某种仪表，这往往与着装者在社会中的地位一致，是对他人表示礼貌的一种方式。所谓礼貌，其实就是用外在的社会道德修养来约束和规范我们的自身表现，而得体的服装是表现礼貌的方式之一。

时尚到底是什么？

当我们谈论时尚的时候，我们想表达的真正含义是什么呢？它是一种社会现象，还是一种表达方式、一种艺术、一种产业或一种经济？时尚是颠覆性的还是规范性的？是短暂的还是永恒的？它只是外在的吗？

当我告诉我的父母，他们在一张老照片上看起来很像说唱歌手的时候，我所指的时尚是一个社会群体、一个时代和一个地区特定的一系列人类行为或一系列表现事物的方式。法国启蒙运动时期的哲学家**孔多塞**认为，当最初的人类不想再赤身裸体并想要脱离动物行列，从而选择对他们的身体进行遮掩和装饰时，时尚便诞生了。

当我告诉我的父母喇叭裤已不再流行，但却想借用他们那副超大号的太阳镜时，我所指的时尚是由行业的专业人士(比如知名的设计师、记者、模特、买手……)掀起的潮流。一季又一季，他们为大众提供了新的样式和表现方式，但这并不排除对过去风格的重新诠释，我们不也会说某样东西"重新流行"或"复古"吗？这里所说的时尚可能诞生于文艺复兴时期的法国和意大利，当时新近出现的城市资产阶级试图以此将自己与宗教团体和贵族区分开来，这种时尚只能持续较短的时间，并且具有二元对立的标准："时髦"或"过时"，"正在大肆宣传"或"已经普遍存在"，"流行"或"不流行"。

有人说法国是时尚的发源地，因为法国拥有众多的世界著名设计师和品牌。这里所说的时尚是指高级定制时装，这种介于艺术和工业之间的特定行业，诞生于19世纪的巴黎，它的缔造者是英国服装设计师**沃思**。

这里所要讨论的是时尚的不同方面。

时尚是模仿还是标新立异？

时尚也有自己的历史，但它更是一种现代性的实践。对于法国社会学家**加布里·塔尔德**来说，时尚是一种与传统相对立的现象：一个人追求时尚，是为了与时俱进，是为了能与自己同时代的人联系在一起。

为了变得时尚，我们有时需要从我们周围的人或是知名人士那里获得灵感，欣赏他们的形象或风格（随着时尚的发展，我们也会创造出一些新的风格）。但是，这就产生了一个问题：我们是模仿甚至复制他们的造型，以便能更容易地融入某个群体，还是追求自己独特的风格？

曼德维尔是一名医生和哲学家，也是《蜜蜂的寓言》的作者。他写了一个关于蜂巢的故事，这个蜂巢的繁荣是建立在所有蜜蜂不断地满足私欲之上的，他认为模仿他人的欲望，源于自己的自尊心和希望被对方尊重的愿望。正是因为社会上所谓时尚，就是那些会过时的流行。

科克托（法国作家）

有强者存在，才会引起人们争相模仿。他们模仿那些出众的人的风格，以便能获得更高的地位。

而英国经济学家**亚当·斯密**并不这么认为，他觉得，我们模仿富人和强者并不是自尊心在作祟，而是因为“同理心”，即能够设身处地去体会他人的感受，这是他所著的《道德情操论》的基础。人们都渴望得到别人也渴望的东西：我们希望模仿一个人的风格，首先意味着我们欣赏他，希望自己能像他一样。

有些时候，模仿他人只是单纯为了避免选择，或让自己看上去不会很奇怪，不被所属或希望所属的圈子批判和嘲笑……精神分析学家**弗朗索瓦兹·多尔多**认为：“追随某一个圈子的时尚，是一种证明自己的方式。和这个群体里的其他人一样，穿着具有代表性的服装，这标志着加入或融入这个圈子之中。有时候，在置身于时尚或身处某个圈子的时候，我们才感到安全。”

通过模仿他人的风格来融入一个群体或融入

大众之中，也是一种隐藏自己独特个性的方式。德国哲学家和社会学家**格奥尔格·齐美尔**注意到了这种“微妙的谦虚”，它将某些天性隐藏在时尚的统一面纱后面，害怕由外在形象的与众不同暴露出他们内心深处的特别之处。

不管这种模仿的动机是什么，它都具有积极的影响。模仿另一个人，意味着与他建立联系，并希望与他接近。因此，时尚是每个人渴望融入时代、与时俱进的一种表现，也是社会关系的一种表达。

> **“尽管时尚促使我们去模仿，但它也鼓励我们将自己与他人区分开来……”**

尽管时尚促使我们去模仿，但它也鼓励我们将自己与他人区分开来，至少在某种程度上是这样。如果一个人完全抄袭照搬别人的风格，可能会彻底失去自我。我们难道不讨厌在学校里或在聚会上看到有人穿着和我们一模一样的衣服吗？

格奥尔格·齐美尔曾说过："在整个社会的发展中始终存在着两种不同趋势或观点，即我们究竟是要融入还是脱离社会群体？我们不断协调磨合，在两者之间寻求平衡，但在这个过程中总会有新的分歧出现。"时尚反映了这种个人与群体之间的张力，这种张力也推动了社会的发展。因此，我们需要体现自我的唯一性，需要与他人区分，需要不拘泥于现状并不断改变，需要在群体中保持一部分自由，正是这些需求促使我们变得足够与众不同，甚至去追求时尚潮流。

穿得好看会更有魅力吗？

当我们穿衣打扮的时候，总是会猜想别人会如何看待我们的外表。例如，在准备与重要的人约会的时候，我们会特别注意我们的外表及服装选择，这其中或多或少都含有吸引对方的意图。吸引是时尚的一个重要意义，而且是一种表达期

望和暗示的艺术。当舞蹈演员穿着美丽的服装在舞台上跳舞的时候，她的魅力可以得到充分展现。法国哲学家**罗兰·巴特**说，如果演员一丝不挂地来到舞台上，演出就没有了任何吸引力。因此，服装有一个重要作用：它可以让身体的某些部位变得更加突出，也可以把它隐藏起来。当服装遮住了一个女人的大部分身体时，简单裸露出一个手腕或一只脚踝都会散发魅力！

穿衣打扮是为了愉悦自己还是别人?

法国小说家**弗朗索瓦兹·萨冈**说：“有人说女人穿衣打扮是为了身边的人。事实上，每个人穿衣打扮都是为了自己。”尽管穿着时尚有时是为了吸引别人,但在更多时候,它是为了取悦自己。电视中那些变装类节目的成功正好体现了这一点。一开始，所有选手都穿着看上去过于大众化的普通衣服。到节目的最后，他们不仅都获得了能够更好体现自身价值的全新造型，人生态度也发生了转变：他们感到更加自信、更加自豪，并表示自己已经做好准备要更好地面对生活。

人们会在早晨起床时选择适合自己的服装，有的人希望自己能让人眼前一亮，也有人不愿意受人关注。这就决定了他们的穿搭是突出个性，还是模仿他人；是强调有型，还是追求舒适。虽然穿衣打扮是一种平凡无奇的日常行为，但也绝不是一件小事。一件柔软的马海毛毛衣能让人感到更加安心舒适，而工作面试应该选择一套笔挺的西装，穿上美丽的裙子或者漂亮的衬衫则可以让自己变得更有吸引力。时尚是情感的延续，并赋予了它有形的现实，从而帮助我们采取行动。这就像是我们与自己的一个约定。

法国设计师**索尼亚·里基尔**曾告诉记者：“时尚是一个非常个人的问题，与时装设计师无关。时尚是一种对待身体的方式，而身体对我们来说是非常私人的……”当一个人感到消沉或正在经

历一个困难时期的时候，时尚可能会让他重新找到自信，这种帮助是难能可贵的。

法国有一个名叫“团结领带”的协会，协会成员从公司和个人那里收集各种男女套装，并把它们免费发放给那些失业者。这个协会在为求职者找到合适衣服的同时，还让他们重新收获了自信，很好地兼顾了他们的实际需要和心理需求。

有些人会指责时尚导致了年轻人的饮食失调，但也有些儿科医院用它来治疗厌食症。巴黎科尚医院的索伦之家就开设了一个“时尚讲习班”，使青少年能够重新审视他们的身体和形象，并找回自信。

2011年，法国的一位设计师为监狱的囚犯们举办了第一次“监狱时装周”，这次活动使这些囚犯在时装表演中找回了一些尊严和自信。“别忘了，你们比模特更漂亮。”设计师在他们走上T型台前这样告诉他们。对于设计师来说，这是“缝合社会”的一种方式：“时尚可能看起来很肤浅，但对我来说，它是一张能带我进入不同寻常之处的通行证，也是我与他人谈论重要事情时所出示的一张优雅名片。”

如何看待过度沉迷于时尚?

据说美国时装设计师**奥斯卡·德拉伦塔**创造了“时尚受害者”（fashion victim）这个词，它和我们今天使用得更为广泛的一个英语和西班牙语

相结合的单词 fashionista 的意思很接近。后者所形容的是一种过度沉迷于时尚的人：她大量而盲目地购买物品，没有个人品味，有时甚至不顾常识——她会在夏天穿翻毛的靴子！但是，这种缺乏辨别力的过度消费，甚至这种上瘾行为造成的经济困难，是否足以使她成为一个“受害者”？我们在电视上看到的购物女王不是从她们的爱好中获得了极大的愉悦吗？这些“超级时尚迷”难道不是自愿成为时尚的“奴隶”的吗？

要问谁能称得上是“超级时尚迷之父”，那恐怕非 18 世纪的英国纨绔公子们莫属了。《利特雷法语词典》将其定义为“总是出现在更衣室里、穿着打扮夸张到可笑的人”，而**巴尔贝·德·奥尔维利**及**波德莱尔**等法国作家则认为这类人具有审美意识和幽默感。他们的傲慢轻浮之下，隐藏的是对既定秩序的反抗。而且这些人之所以如此重视时尚，是因为它不断变化，是所属年代及现代特色的最佳化身。波德莱尔将纨绔主义的行为定义为“英雄主义的最后光芒”，他们用一种极其苛刻的方式来展现自己对极致的渴望。他们通过对时尚和美的追求，来反对建立在物质主义、合理性和传统之上的资产阶级价值观，从而反对过去。也正是他们催生了萨普协会（Sape，全称为氛围营造者和雅士协会），这个协会起源于20世纪20年代的布拉柴维尔[1]和金沙萨[2]，并于60年代在这两个城市得到普及，之后又在布鲁塞尔和巴黎的刚果侨民中间广泛传播开来。萨普协会将自己定义为一种艺术、一种哲学、一种宗教（基坦迪宗教，在林加拉语中是“纺织品”的意思），它就像是一种宣战。作为一种非常先进的自我审美和一种标榜自由的方式，它抛弃了专制的社会结构，并向西方的社会准则靠拢。

作为纨绔公子的“女儿”和萨普人士的“姐妹”，这些超级时尚迷看起来可并不像是受害者。

1　布拉柴维尔是刚果共和国首都。

2　金沙萨是刚果民主共和国首都。

她们只想享受当下的生活，把自己的精力都投入到了对衣着品味的追求之中，但这种对美好的追求变得越来越浮夸，这也使得她们变得越来越肤浅。这份对时尚的非理性的爱对她们自己并没有造成太多困扰，反而使身边的其他人不胜其烦。正如记者**洛伊克·普里金特**在推特上所写的：“我要抵制。”“你要抵制什么？”“抵制循规蹈矩。”

只有女孩才能打扮吗？

女性比男性对时尚更感兴趣，这也让她们更热衷于购物。今天，经济研究表明，如果按照人的一生来计算，女性确实在整个时尚领域的花销更多。然而，如果仅计算 15 岁至 29 岁之间，也就是人们在服装领域投入最大的年龄段，反而是男性的花费更多，因为他们更热衷于名牌！

女性对时尚的品味反映在她们的衣橱中，那里面可比男性的衣橱丰富多彩多了。男装看上去

确实比女装更加沉闷，这从服装史上最近的趋势就能看出来。在法国大革命之前，时尚更多是为了区分阶级、社会等级或职业，此时男性的穿着和女性一样丰富。例如，在 15 世纪的宫廷之中，男性也会穿短裙，用皮带将腰部扎紧，穿着彩色的针织长袜，有些长袜的颜色还非常鲜艳。随着大革命的进行，时尚成了每个人自由“选择适合自己性别的衣服或装扮”的象征。但是，此时的时尚不再区分贫富的差异，到了 19 世纪，它的分化更多体现在了性别方面。法国男性的着装受到了英国贵族相对简单而实用的装束的影响，而女性的服装则变得极其考究，但同时束缚感也变得非常强烈。在 19 世纪 20 年代，女性的生活变得更加悠闲，她们穿起了束腰的紧身褡、鼓起来的

蓬松袖子以及用羽毛和丝带装饰的大帽子这些夸张的服饰，仿佛变成了自己丈夫的傀儡，并代表着他们的成功和社会地位。在**格奥尔格·齐美尔**看来，时尚成了女性之间相互区分的一种方式，因为她们在其他方面很难做到这一点，就只好通过外表来展示自己。

从 19 世纪末到 20 世纪，体育运动的流行和高级时装的诞生使时尚出现了创新。同时，因为战后男性劳动力不足，女性也不得不投入工作，随后欧洲又经历了一个出生率激增的时期，年轻人也开始越来越多地参与到社会事务之中，这些都使得两性之间的着装差异被弱化了，但性别的区分始终存在。

但是，无论是从统计学角度（雇用的工人多为裁衣女工），还是从象征意义上看，时尚仍然在整体上被视为女性经济活动。也许正是这种“女性化”的特质，才让某些人把时尚看作是“女孩们的玩意儿”，认为它是一种表层而肤浅的生产和实践，不值得认真关注。

穿着能区分我们的身份吗?

当我观察公交车上邻座的乘客时，我很难判断出他是医生还是木匠，他是在职还是失业，他的年龄是30岁、40岁还是50岁，以及他住在城市还是乡村！从什么时候起，我们无法再通过外观和服装来区分富人和穷人、青年人和老年人、农村人和城市人了呢?

在英国社会学家**迪克·赫伯迪格**看来，第二次世界大战后，社会各阶层之间的界限变得更加模糊了。“白领”（办公室工作人员、管理人员以及所谓精英）和“蓝领”（体力劳动者、工人和群众阶层）之间的对立，已不再是如今这个以服务和信息发展为基础的社会的核心。美国社会学家**戴安娜·克兰**和**萝拉·柏凡妮**则认为，阶级的概念已经被为数众多的“圈子”所取代。在这个概念里，消费者即使属于同一阶层，也可能拥有不同的品味和习惯。原有的服装标准渐渐失去了意义，而我们的灵感来源变得越来越多元，互联网及社交网络使我们获得了更多的参考和图像。于是，一种新型消费者出现了，从社会学的角度来看，他们属于某个亚文化圈子或“部落”：他们通常是一群年轻人，而且是一群有着相同的品味和形象价值的人。有多少个“时尚部落”就意味着有多少种风格，他们把各种元素进行修改和重组，为服装赋予新的价值。对这些风格一些专业杂志还给出了定义。2017 年，我们看到了对于吉卜赛风格的描述，人们将它定义为“一种波希米亚风格，但相比之下少了一些嬉皮的元素，而多了一分优雅，更偏学院派一点点”；而法式风格，则被定义为“介于优雅和休闲之间的服装风格，而且还有些复古的味道”；简约穿搭风格，则表现为“不再跟随潮流，经典款式的传统牛仔裤搭配白色 T 恤和非名牌白色运动鞋，使形象看上去简单清爽”。

我们必须穿得得体吗？

就像2017年在法国装饰艺术博物馆举办的一个主题为“正确着装”的展览所显示的那样，不同时期对于服饰的容忍度是不同的。女性裤装、性别混搭风、“过于极端”——太紧、太肥、太透……这些过于极端的服饰以及裙子的长短尺寸等在不同的时代都曾引起过轰动。可是，如今有些时尚也仍然会引起争议，这又该如何解释呢？我母亲年轻时穿的迷你裙看上去难道不比我的破洞牛仔裤更令人感到难为情吗？可是，她的父母也并没有对她说：“你不会打算就穿成这样出去吧！”

在2000年的迪奥春夏时装秀中，**约翰·加利亚诺**（英国服装设计师）受到那些无家可归者的启发，将他的专场模特秀命名为……流浪者，时尚既不是道德的，也不是不道德的，它的存在是为了提振人们的精气神。

卡尔·拉格斐（德国服装设计师）

这在当时引起了轩然大波。在一个看上去一切皆有可能的领域，这样的一次创作却让公众舆论如此震惊，这又该做何解释呢？

在 13 世纪的意大利哲学家和神学家**托马斯·阿奎纳**看来，服装代表了穿着者的道德，这其中最重要的是选择服装的意图。例如，宗教人士不得装扮成穷人，通过展示与其实际生活不符的物质匮乏来吸引他人的注意力。托马斯·阿奎那还认为，不能将对美好事物的追求和爱慕虚荣混为一谈，因为后者显然并不可取。

在 2000 年的那场时装秀上，一方面，这位英国设计师从无家可归者那里获得灵感，将奢华的衣服设计得看上去破旧不堪，这些外观残破的服装可能会带来某种不太确定的客户需求；另一方面，作为潜在的买家，一个迪奥的富有客户把自己打扮成一个穷光蛋，被视为蔑视无家可归者的生活而只想着娱乐自己，这种行为弃一切道德于不顾，超越了时尚和品味的边界。

即使在这个行业中一切看上去皆有可能，但这也并不意味着对时尚的所有道德评判在我们的社会中都彻底消失了。我们通过这样或那样的着装所表达的东西从来都不是无足轻重的。

在法国语言学家和符号学家**A. J. 格雷马斯**之后，罗兰·巴特也曾表示，时尚可以被视为一种语言，或者说一系列用于沟通交流的符号。那么，在着装上的出格行为就像是一种对他人的侮辱，是对时尚这种语言的通用法则的违背，或多或少都带有一种冒犯他人或宣示某种权利的意图。

穿名牌就代表虚荣吗？

高中生汤姆在冲动之下，买了双斯坦·史密斯的系列网球鞋。那么他的购买行为到底意味着什么呢？法国哲学家**让·鲍德里亚**就注意到其中的象征性逻辑。在他看来，消费和语言一样，是一种关系行为：我们并不是为了事物本身的特性

而进行消费（尤其是在像我们这样的富足社会），而是因为它们具有特殊的意义，从而引起了我们的购买欲。换句话说，具有特殊的意义，从而引起了我们的购买欲。我们想购买一件衣服，不是因为没衣服穿，而是因为很喜欢这件衣服。

按照鲍德里亚的说法，因为有穿鞋的需求，一开始汤姆运用的是“使用价值的功能逻辑”，他考虑的是篮球鞋本身的用途。当他看到价格标签时，他的逻辑转换为“交换价值的经济学逻辑”，他将这双鞋作为商品来考虑它的价值。当他认为这双篮球鞋能带给他某种更具吸引力的生活方式时，是“象征意义的交换逻辑”在发挥作用。最后，他认为这双篮球鞋会得到他所在群体的欣赏，并有可能帮他变得更受欢迎，这是他运用“价值/符号逻辑”进行分析的结果，这种逻辑会对物品进行分类和区分，进而对消费它们的人群进行分类。汤姆判断出了这双篮球鞋在其他人心中的位置，也知道了他的购买行为能对其他人对他的渴

望和认可起到怎样的作用。

因此，在他做决定的过程中，后两种逻辑比前两种逻辑更有分量。因为如果他只考虑前两者的话，有可能会购买其他性价比更高的鞋。

这在一定程度上代表了那些品牌的成功，因为它们设法打造出了一个有吸引力的整体形象。不过，拥有一个有吸引力的标识已经不够了。如今，一个品牌所传达的价值和形象必须与我们相契合。

我们不仅仅是要使用一个品牌，还希望借此能融入一个群体，无论是耐克还是阿迪达斯，苹果还是三星！

一直追求时尚是坏事吗？

时尚被批评肤浅甚至多余的争论由来已久。在古代，时尚被视为奢侈的同义词，因而在道德层面饱受争议。在**柏拉图**看来，奢侈是堕落的源头，也是对社会和平的威胁。而**亚里士多德**的观点则恰恰相反，他认为奢侈的生活，即满足各种欲望的生活，是幸福的一部分，适度地追求穿衣打扮并不是消极的。

今天，时尚和新技术一样不断推陈出新，这种做法与消费者的利益和环境保护背道而驰，从而饱受批评。像任何行业一样，时尚需要销售。作为经济的一部分，时装设计师的工作也是建立在更新换代需求这一基础之上的。每一季都会推出新款式，淘汰旧款式，这也刺激了消费者去购买新的产品来或多或少地更新一下他们的衣橱，甚至时不时会让他们产生“无衣可穿”的感觉！

就“快时尚”而言，这些指责是合理的。快时尚对时尚的影响就像快餐与美食的关系一样，它会源源不断地推出新的产品系列并保持低廉的价格，这也意味着它要在最短的时间内完成生产和销售。很多时候，这些品牌的衣服质量标准较低（剪裁做工差，使用的染料或面料有时甚至有毒）。

> **快时尚激起了消费者的原始欲望。**

这种激起消费者原始欲望的时尚，可能只是从侧面反映出了一个更广泛的现象，即对速度的无限追求，这也是我们这个时代的特征。法国哲学家**保罗·维利里奥**认为，所有一切都是在当下发生的，因此我们对现实的认知取决于速度，而速度本身会受到新的信息技术左右，从而带给我们压力和恐慌。

快时尚让我们陷入担心自己跟不上潮流的恐惧，诱使我们进入一场无休止地求快、求新的幻梦之中，这是一种由技术维持的幻觉。然而，正如烹饪不能被简化为快餐，电影不能被简化为商业大片一样，时尚也不能被简化为快时尚！像在电影领域一样，时尚界也存在一种介于成衣和高级定制之间的“创作者模式”（设计师的独立性、系列产品的原创性、对艺术性的要求、对生产方式的监督等）。设计师创造新时装的过程，也是一个进行艺术创作的过程。设计师的原创理念，会促使他不断创造出新品。难道人们会因为一个画家在每次展览中都推出新的画作而指责他借此刺激收藏家们的消费神经吗？

此外，有一些品牌已经开始关注生产的可持续性。设计师们也纷纷开始推出一些“基本款”，这些衣服和配饰的设计要更经得起时间的检验，也更注重品质。而一些公司则开始采取措施来促进可持续发展。它们会更严格地监督供应商的工作，优先考虑当地制造以减少生产中的碳排放，使用可回收的面料，保障纺织工人的合理工作环境，并保护稀有的手工艺技术以突出时尚的文化和人文价值。

2013 年，倡导公平贸易的法国商人**塞巴斯蒂安·科普**在《快报》上宣称："我们已经丧失了祖辈们的优良传统，他们总是购买那些经久耐用的功能性服装。"尽管生产者更应该关注产品的可持续性，但消费者们也同样得肩负起重要的责任。为此，一些人已经开始采取行动，旨在提高公众在这方面的意识。英国女演员**艾玛·沃特森**就是其中一员，她在社交平台上有一个致力于环保时尚的账号，名为"The Press Tour"。

我们每个人都应该去了解这些品牌，有时甚至要敢于投资而不是消费，更注重质量而不是数量，并思考我们想要赋予时尚的意义。对于时尚意义的这种探寻，激发了人们对于那些经历过岁月并蕴藏着故事的古着服装的追捧。

时尚，正如罗兰·巴特所描述的那样，“每个人都在谈论它，但所有人都不了解它”。时尚

并不像看起来那样肤浅，它更像是一种特殊的语言符号，帮助我们在自己和他人、现在和过去、约束和自由之间找到平衡。